考えないアプローチ

石井忍
（Mr・ショートゲーム）

ゴルフダイジェスト
レッスン絵本

はじめに

みなさん、「ショートゲーム」と聞いたとき、何を思い浮かべますか？

「小枝」ともいわれていたショートゲームは、その呼び名からしてグリーン周辺のアプローチとグリーン上だけをイメージしがちです。しかし、その2つだけではありません。

アプローチといっても、30ヤードまでのショートアプローチと30～100ヤードまでのロングアプローチがあり、そこにはラフやバンカーがあります。ショートゲームは、残り距離100ヤードまでのすべての事柄を考える必要があるのです。

残り100ヤードというと、とても狭い範囲だと思う人も多いでしょう。実際、400ヤードのホールの場合、残り100ヤードは全体の25パーセント、500ヤードなら20パーセントしかありません。しかし、スコアに対する影響力は非常に強い。換算してみると、約55～60パーセントにも及びます。つまり、スコア100のプレーヤーだと、そのうちの60ストローク近くが残り100ヤード以内で起こっているのです。そして、スコアに伸び悩んでいる方の大半は、この狭い範囲でのミスが多い。まさに、スコアメークの「キモ」ともいうべき重要なパートなのです。

さて、ショートゲームが上手い人とは、どんな人なのでしょうか。きっとみなさんの周りにもいるはずです。グリーン横の谷底から、奇跡的な寄せをするあの人でしょうか。それとも毎回カップのそばでキュキュッと格好良く止めるあの人でしょうか。

答えは……、そのどの人でもありません。ショートゲームが上手い人とは、「100ヤード以内のスコアが良い人」です。残り100ヤードから、70ヤードから、30ヤードから、グリーン上も含めて、その合計スコアが少ない人。つまり、打数が少ない人が上手いのです。残り100ヤードから、2打で上がるのか、あるいは4打、5打かかってしまうのか。とにかく、1ストロークでもその平均値を少なくし、「いつも3打、ときどき2打」を目指したいものです。

本書では、ショートゲームで必要なテクニックはもちろん、明確なマネジメントと情報管理を中心に解説していきます。そして、最終的には、ペンで自分の名前を書くような感覚で、打ち方も距離感の判断も「考えない」ように自然にできることを目指します。

スコアに伸び悩んでいる方は、ぜひともこのショートゲームのノウハウをモノにしていただきたい。なぜなら、ショートゲームの上達は、驚くほどスコアに直結するのですから。

考えないアプローチ・目次

第2章　考えないパッティング

第3章　一発で出る！　バンカーショット

第4章　10打縮まるマネジメント

画
北谷しげひさ

写真
姉崎　正

デザイン
シトラス・インク

編集協力
鈴木康介

撮影協力
袖ヶ浦カンツリークラブ

付録 スコアの壁を破る！ 石井流ドリル8選

序章

ゴルフは100ヤード以内からが勝負！

序章 1

ショートゲームの考え方

100ヤード以内から平均2.5打で上がろう

ショートゲーム、つまりピンまで100ヤード以内の地点からのスコアを、みなさんはどう見積もっていますか?

パー4の2打目やパー5の3打目がグリーンに乗らなかったとして、そこから2打で上がればナイスパー。ほぼ最高の結果です。3打でボギー。アマチュアならこれでも上々です。

目指すスコア

100Y以内から 3打

納得できるベターな結果

アプローチをきっちりグリーンに乗せ、そこから2パット、もしくは乗らなくても次のリカバリーがベタピンに寄ったり長いパットが入る好プレーがあれば「3」で上がれる。アマチュアにとっては現実的には「成功」といっていい結果

100Y以内から 2打

パーが獲れる最高の結果

いわゆる「寄せワン」。寄せもパットも両方成功しなければ「2」で上がることはできないので一見ハードルが高いが、残り距離が短い場合や得意な距離が残っている場合は、「2」で上がってパーを獲るチャンスは十分にある

しかし、4打だったら、乗せて3パットか、「乗らず、寄らず、入らず」のダボ。5打以上は何か決定的なミスがあったことを意味しますから、何としても避けたいスコアです。

ショートゲームのスコアメークとは、この100ヤード以内からの平均スコアをいかに減らせるかということなんです。つまり、4以上を減らし、2か3を増やす、「平均2・5打」を目指したいものです。一見、難しそうに感じるかもしれませんが、技術、マネジメントの両面をしっかりと見直せば決して不可能ではありません。

避けたいスコア

100Y以内から 5打以上

ミスが重なり後まで引きずる

アプローチをミスしてバンカーに入れてしまったり、どこかでザックリやトップなどの決定的なミスがあった場合、「5」以上の危険が高まる。1つのミスを取り返そうとして欲張り、ミスが続いてしまった結果という場合も多い

100Y以内から 4打

余計なミスが悔やまれる

アプローチがグリーンに乗らず、次のリカバリーも上手く寄せられずにそこから2パット、もしくはアプローチが乗ったのに3パットした場合が多い。どこかに1つミスがあるか、小さなミスが2つ続くと「4」のリスクは一気に高まる

序章 2

平均2・5打で上がるために必要なこと

技術・マネジメント・メンタルを均等に磨く

ショートゲームのスコアを縮め、平均2・5打を目指すためには、ボールを打つ技術だけでは不十分です。もちろん技術は不可欠

ターゲット
距離や風、ピン位置、グリーンの状態は？
ボール
ライはどうなっている？

POINT

「ボール」「目標」「自分」の3者のバランスが大事

バランスが大事なのは、ボールを打つ前の判断も同じ。アマチュアは「どうやって打つか」という「ボール」にばかり意識が行きがちだが、もっと「自分の状態（自分）」「グリーンやピン（目標）」といった要素にも意識を配ろう

ですが、どんな名選手でもミスはありますし、いつも狙ったところに完璧に打てるとは限りません。

そういったミスの可能性まで考慮してスコアをまとめるためのマネジメント、そして持てる技術を安定して発揮するためのメンタルといった要素も必要なのです。

大事なのはバランスです。スコアがまとまらない人ほど、ボールを打つ技術に意識が偏りがちですが、実は他の要因に問題がある場合も多々あります。すべてをニュートラルに、バランス良く考えることが、スコアアップの重要なポイントだということを忘れないでください。

自分
今日の
調子はどう？
距離、番手は
得意？

COLUMN 1

うさぎとカメ

私がプロテストに合格したのは、1998年の秋でした。当時の私は、とりわけ飛ぶほうでもなく、アイアンがキレるほうでもありませんでした。

そんな私が研修生の頃、毎日練習していたのが、アプローチとパッティング。アプローチは、練習場の片隅の裸地で徹底的に100ヤード周辺のキャリーの管理を、そしてパッティングは2～3歩のカップイン率を上げる練習を、それこそ日が暮れるまでやっていました。

その成果もあり、研修会やミニツアーなどでは、ショットの好不調の波に流されないゴルフを作り上げることができました。100ヤードを打つときは、「毎回OKにつける！」と思っていたものでした。

この自信は、ゴルフの質自体も上げてくれます。たとえ、飛ばし屋に30ヤード置いていかれたとしても、ショットメーカーにビシッとつけられたとしても、慌てる必要はありません。なぜなら、グリーンに近づけば近づくほど、自分のほうが上手いのですから。

300ヤードも30ヤードも3ヤードも、同じワンストローク。最後に追い抜ける可能性は、誰にだってあるのです。

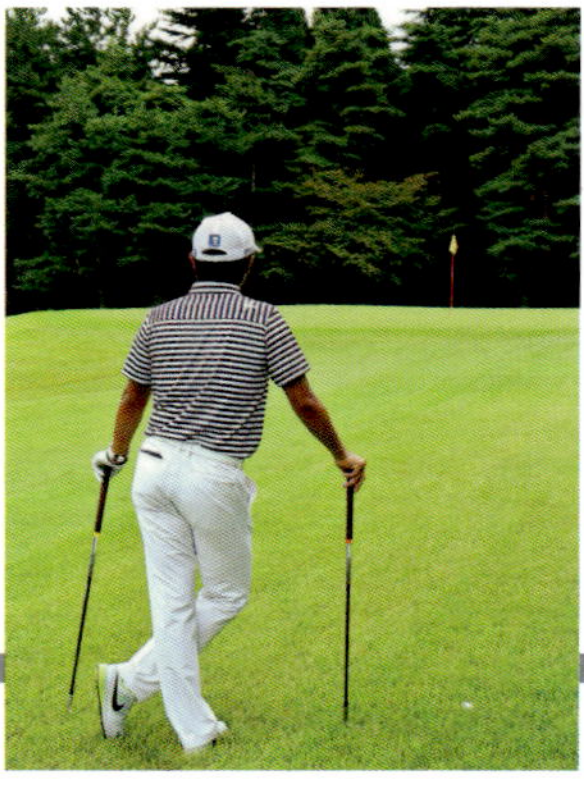

第1章

考えないアプローチ

アプローチ編 1
ショートアプローチの構え方

アプローチは見た目が9割！ インパクトの形をアドレスで作る

右ひじは
体に密着
ボールは
少し右寄り

EPSON
手元は
肩の真下
くらい
ボールに
近く立つ

小さな動きで短い距離を打つショートアプローチ（30ヤード未満）は、スウィング中に動きの微調整を行う時間がないため、アドレスの段階からあらかじめインパクトの形を作っておくことが非常に重要です。どんな距離を、どんな球で寄せたいかが、一目瞭然の構えを作ってください。

　スウィングのポイントは「右軸の右体重」。左軸のオープンスタンスでカットにスウィングしたのでは、インパクトでボールを押せず、距離も方向も揃いません。

　ですから、右わきを締め、体の右サイドをボールに近づけてスクェアにスウィングするように構えましょう。

ショートアプローチの構えから左足を浮かせ、右足1本でアプローチできる位置にボールをセット。右ひじが胴体に密着したままボールを押し込める

CHECK

右足1本で打てる構えを作ろう

アプローチ編 2

ショートアプローチの打ち方

「真っすぐ」動かすイメージ

手元とヘッドを平行に動かす

ショートアプローチは、アップライトに「真っすぐ」にスウィングする。後方から見て、手元とヘッドを、目標へ向かう線路をなぞるように平行に動かそう

ショートアプローチのスウィングは、方向性を高めるためにも、体の回転をある程度度外視した真っすぐの軌道をイメージします。感覚的には、アドレスを後方から見たときの手元とヘッドの位置が、その間隔を保ったまま、線路をなぞるように平行に動くイメージです。

また、距離と方向を揃えるためにはロフトとフェースの向きを変えずにスウィングすることが必要です。手首の角度をできるだけ変えずにスウィングしましょう。

線路をなぞるようにスウィングするには、手首をゆるめず固めて使うことが大事。グリップエンドと左手首の間隔と、右手首の角度を変えずに振ろう

CHECK

右手首の角度を保ってスウィング

アプローチ編 3

ロングアプローチの構え方

回転しやすい構えを作る

体の中心に斜めの軸を意識する

ロングアプローチ（30〜100ヤード以内）は、よりショットに近い感覚のスウィングになりますが、フルショットすることはなく、つねに中途半

斜めの軸を意識する
少しハンドファースト
体重配分は5対5

端な距離を緻密にコントロールしなければなりません。

そのために大事にしてほしいのが、「軸」の感覚です。のどから左ひざの内側に斜めの軸をイメージします。アドレスからフィニッシュまでその軸を感じておくことが大切です。

スタンスは、ショートアプローチよりも広めで、軸が傾かないように、左右の体重配分は5対5。土踏まずよりも少し前に体重がかかるように立ち、右ひじは体の近くにセットしてください。

目線は少し低め
右ひじは体の近く
重心は土踏まずの少し前

POINT

アドレスの段階から軸を感じておこう

アドレスの段階で、自分の軸がどこにあるのかをはっきりとイメージし、その軸がブレないようにスウィングすることが大事だ

アプローチ編 4

ロングアプローチの打ち方

クラブはつねに体の正面

軸を中心に体を回転させる

上体を前傾せず、クラブヘッドを持ち上げて体を肩のラインに対して水平回転してみる。手元を体の正面にキープし、グリップエンドがおへそを指したまま回転しよう

ロングアプローチは、軸を中心とした回転運動でスウィングします。

クラブをつねに体の正面にキープしたまま、手元を等速で動かすことができれば、距離も方向も安定します。

基本となる動きは、ノーコックでグリップエンドをおへそに向けたまま体を肩のラインに対して水平回転する動きです。

ここから上体を前傾させ、手首のコックを加えれば、ロングアプローチのスウィングは完成です。

トップ、フィニッシュでは胸の正面でシャフトが立った状態を目指してください。

ロングアプローチでは、手首のコックを使ってスウィングする。トップ、フィニッシュでクラブが立つように、タテ方向に手首を使うのがポイントだ

アプローチ編 5

距離感の基準

気持ち良く振って何ヤード?
ゴールデンディスタンスを測ろう!

アプローチが上手い人、下手な人のいちばん大きな差は、どこにあるでしょうか。もちろん、上手い人はダフリやトップなどのミスが少ないこともありますが、もう少し上のレベルを見ると距離感の差が大きいように感じます。距離感が合う人というのは、実は自分の基本となる距離を必ず持っ

POINT

ゴールデンディスタンスは人それぞれ

著者の「ゴールデンディスタンス」は約70Y。リズム良く、気持ち良くスウィングして、振り幅は肩から肩くらいになる

ています。

さて、みなさんは振り幅も狙いも考えず、ＳＷで気持ち良くスウィングしたときの自分の飛距離を知っていますか？　練習場で10球くらい何も考えずに打てば、だいたい同じところにボールが集まるはずです。この「気持ち良く振ったときの距離」を私は「ゴールデンディスタンス」と呼び、すべての距離感の基準にしています。

ゴールデンディスタンスは、レイアップする際にも意識的にこの距離を残すなど、マネジメントの核にもなります。ぜひ一度測ってみてください。

感覚で強弱を調節 「ちょっと強め・弱め」で打ち分ける

自分の「ゴールデンディスタンス」がわかれば、今度はそこから「ちょっと強め」と「ちょっと弱め」の2つのバリエーションが生まれます。

それぞれ、プラスマイナス10ヤードくらいだとしたら、これだけで60、70、80ヤードの3つの距離を打ち分けることができるのです。

調節のポイントは、振り幅やスウィングスピードは考えず、インパクトの圧力、力感のことだけを考えること。それだけで自然とトップが少し深くなったりスウィングが少しコンパクトになったりします。

最終的にはこれよりも「もうちょっと強く」「もうちょっと弱く」とバリエーションを増やしていくことで、中途半端な距離でも上手く距離を合わせることができるようになるはずです。

フィニッシュは
抑えめに

振り切らない
フィニッシュ

フィニッシュは
70Yと
ほぼ一緒

60Y
ちょっと弱め

インパクトの「圧」を少し弱めにしたスウィング。スタンスが少し狭くなり、その結果トップもコンパクトになる

スタンスは少し狭く構える
コンパクトに上げる

70Y
ゴールデンディスタンス

いちばん自然に、力みなく構えられるアドレスから、距離や方向などを考えずにスウィングしたときの飛距離

力みなく構える
トップはスリークォーターくらい

80Y
ちょっと強め

ゴールデンディスタンスよりインパクトでかかる「圧」を少し強めにしたスウィング。トップは自然と少し深くなる

アドレスは70Yとほぼ同じ
トップは少し深く入る

球の「勢い」で距離を作る
「ボールの惰性」をイメージする

アマチュアの多くは、アプローチでPWやSWを使う場面になると、すぐに「ボールの落としどころ」を考えてしまいますが、それよりも大事にしてほしいのは、「ボールの惰性」です。アプローチは、キャリーを考えるよりも「転がし」をコントロールしたほうが簡単だからです。

たとえばパターを持って球を転がそうとしたときは、落としどころは考えないでしょう。ボールを前に転がすエネルギー

転がるスピードと減速する感じを想像しよう

を与え、どこに止まるかを考えます。

これはウェッジを持ったときも同じです。どのくらいの力で打ち出せば、その惰性でボールがどのくらいのスピードで進み、どう減速し、止まるか。これらがイメージできれば、おのずと落としどころも、打つ強さも決まるのです。

POINT

いろいろな番手でチェック

SWでの惰性がわかりにくければ、まずはパター、次に3W、アイアン、ウェッジ……とキャリーが少ない番手から順に想定してみよう

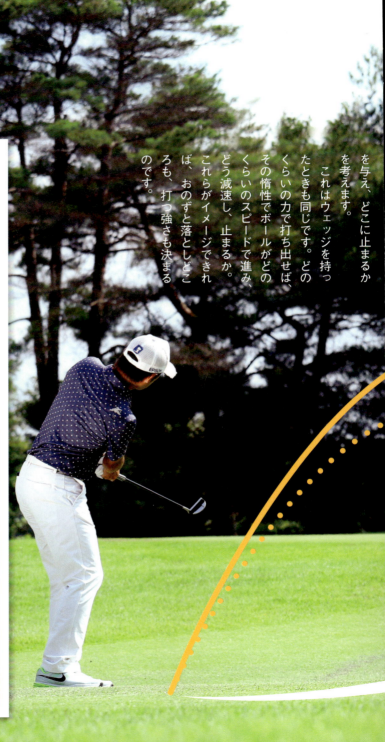

アプローチ編 8

ピンの狙い方

距離と番手とランの関係

大きな番手で転がす、小さな番手で止める

ピンを狙う状況では、距離のコントロールだけでなく、転がりのコントロールも重要です。

実際にコースで出合う状況は千差万別で、それをひとくくりに説明するのは難しいのですが、ベースとして考えてほしい

アイアンでショートアプローチ

強い球でランが出る

大きな番手でショートアプローチをすると、低く強めに打ち出され、ボールは前に転がっていく。1バウンド目も前に進み、バックスピンも少なめなので、トータルの飛距離のうちランの比率が増える。ピン位置が奥でもしっかり転がっていくのでショートしにくい

のは、転がしたいときほど大きな番手で弱く打ち、止めたいときほど小さな番手でしっかり打つ、ということです。

たとえばSWとAWの中間くらいの距離が残っているとしたら、ピンが手前ならSWでしっかり打って球を止め、ピンが奥ならAWを抑えて打って足を使って寄せればいいのです。

これをベースに、ボール位置やフェースの開き方、ハンドファーストの具合いなどの要素を組み合わせて転がりをコントロールしましょう。

ウェッジでロングアプローチ

キャリーが出て止まる

小さな番手でロングアプローチをすると、ロフトが多いぶんインパクトのエネルギーが上に向かい、高く打ち出される。また、バックスピンが多くかかり、1バウンド目でブレーキがかかってボールが止まる。ランはあまり出ない。ピン位置が手前でもオーバーしにくい

アプローチ編 9
バンカー越え

ハンドレートで上げる 困ったときはハーフロブ

バンカー越えや砲台グリーンの手前側にピンが切ってある場合など、球を上げたい状況では、ハーフロブが便利です。ボールを普段よりも左に置き、クラブのロフトを増やして打ちます。プ

フォローで
左手首が
甲側に折れる

POINT

少しフェースを開いてハンドレートに構える

やや右足体重で、右腕が伸びた少しハンドレート気味の構え。球が上がりやすいようにフェースを少し開いてロフトを増やす

ロが使うロブショットのようにヘッドスピードを上げなくていいので、大きなミスの危険が少なく、球をフワリと上げて止められる打ち方です。

少しフェースを開き、やや右足体重でハンドレート気味に構えたら、手首を使わずノーコックで上げ、目標方向に真っすぐ振ります。手首は固めるような感覚ですが、フォローで左手首が甲側に折れるのはOKです。体重移動はせず、右腕を伸ばしたままヘッドをボールの下にくぐらせるようなイメージで振りましょう。

テークバックはノーコックのイメージで

POINT

目標方向にヘッドを出す

カットに振るとヒールに当たったりヘッドがボールの下を抜けやすい。フォローでは目標にヘッドを真っすぐ出していくイメージ

アプローチ編 10
左足上がり

インサイドアウト軌道で打つ フェース面を広く使い球を拾う

左足上がりやボールの浮いているラフなど、通常よりもボールが高い位置にある状況では、アッパー軌道で打ちましょう。テークバックはインサ

ヘッドを
目標方向に
出していく

POINT

ボール位置は左わきの前

アドレスは傾斜に逆らって鉛直に立ち、ボール位置は左胸〜わきの前くらい。軸を傾けないようにバランス良く立つ

フェースを
開いて
インサイドに
テークバック

イドに上げ、フォローは目標方向に真っすぐ出していく、インサイドストレートの軌道をイメージしてください。高くティアップした球を拾い打つような感覚で、スウィング軌道の最下点をボールの手前に持ってくるのです。ボールの手前側が低ければ、これでもダフることはありません。

開いたフェースを広く斜めに使うイメージで球を拾うように打つのがポイントです。

アウトサイドイン軌道で打つ

高い位置からヘッドをドスン！

POINT

ひざのラインをスクェアにして立つ

左足下がりでは、スタンスを目標に向けると右ひざが邪魔になるので、右足を引いてひざのラインがスクェアになるように構える

フォローで右ひざを送り込む

斜面に沿ってヘッドを低く出す

左足下がりやボールの沈んだラフなど、球が低い位置にある状況では、スウィングの最下点をボールの先に持ってきて、ボールの下までヘッドを届かせることが重要です。

軌道はアウトサイドイン。左足体重をキープし、フォローでは右ひざを送ってヘッドを低く出していきましょう。

コックを使って
アウトサイドに
テークバック
左体重のまま
スウィング

POINT

コックを使い ヘッドを高く

ボールの手前側が高いライなので、コックを使ってヘッドを高い位置から入れ、アウトサイドインで振ることでダフリを防ぐ

アプローチ編 12
番手選び

心の余裕が生まれます 寄せの「3点セット」を用意しよう

アプローチショットに挑むとき、あなたは何本クラブを準備しますか？

ＳＷを手足のように使いこなす達人ならＳＷ１本でも構いませんが、できれば「寄せの3点セット」を用意してください。

なぜなら、ボールのライや、どの打ち方がいちばん寄りそうかというのは近くに行かないとわか

らないからです。にもかかわらず、手元にクラブが1本しかないのでは、判断の選択肢を狭めてしまいます。

ピッチ&ラン用のAWをベースに、球を上げるとき用のSW、転がし用のアイアンの3本をセットにして、つねに持ち歩くことをおすすめします。

つねに3本持っていれば、「あっ、いけない」とドタバタと必要なクラブをカートに取りに行くこともないので、時間をかけて状況判断ができるメリットもあります。アプローチのようなデリケートなショットには、技術と同様、こういった心の余裕も大切なのです。

ミスは道具で減らせる ややグースで バウンス大きめ

グースネックは
ボールを
つかまえやすい
ヘッドは少し
大きめが
安心感がある

アプローチのミスを減らすには、やさしいSWを使うのも有効です。

　市場で人気のSWの多くはツアープロ用のモデルで、硬くて速いグリーンに球を止めるためには有効ですが、ミスの許容量が小さく、やさしくはありません。

　どちらかというと、ヘッドが大きめでバウンスが10度以上のものがミスにやさしいウェッジです。ロフトが多すぎると下をくぐってしまうミスも出やすいので、56度くらいがおすすめです。また、少しグースネックのもののほうが球がつかまえやすいので、ウェッジが苦手という人は、ぜひ試してみてください。

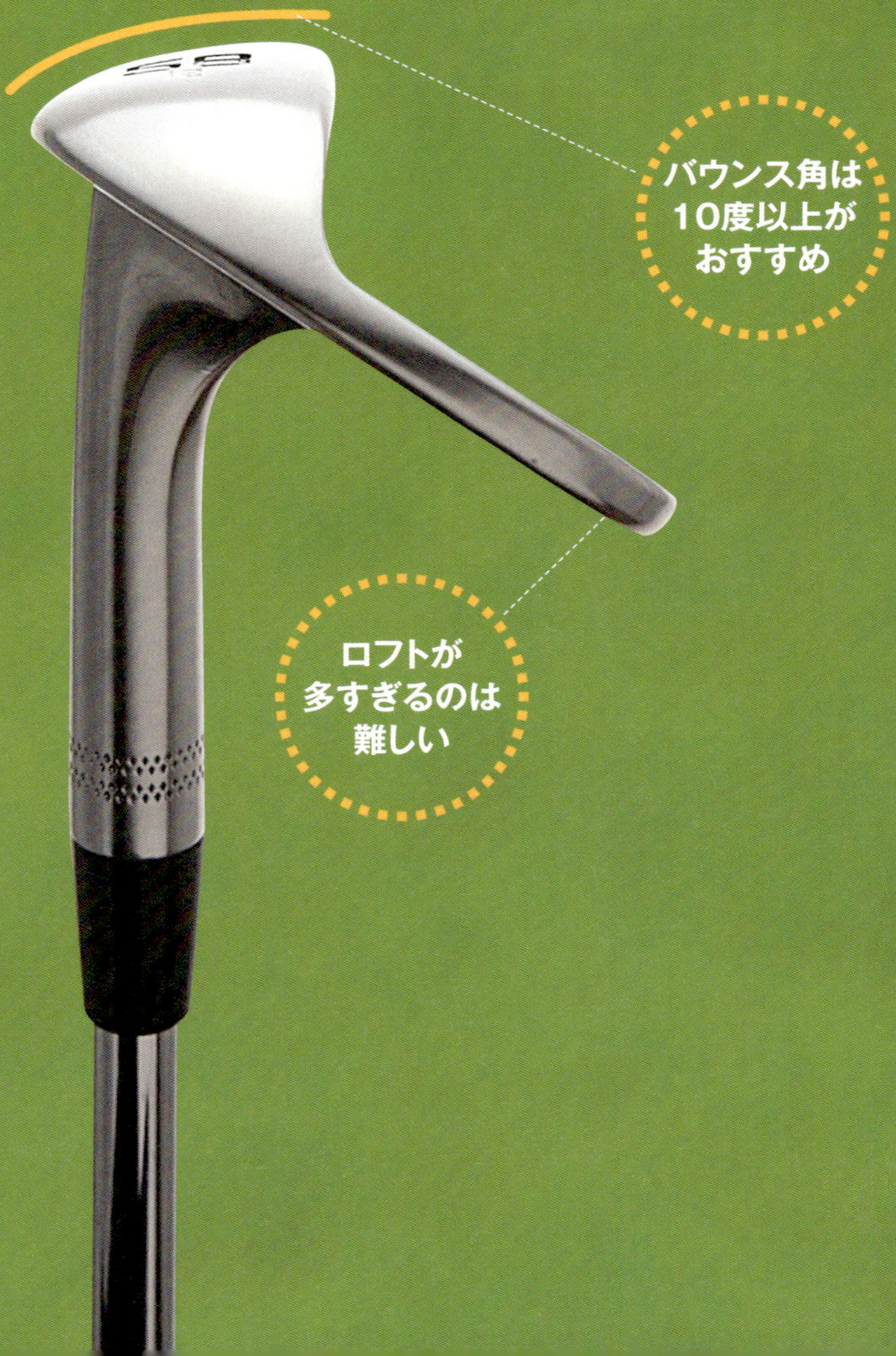
バウンス角は
10度以上が
おすすめ
ロフトが
多すぎるのは
難しい

100ヤード以内の打数をつける

自分自身を知って課題を見つけよう

ショートゲームのスコアを縮めるためにぜひやってもらいたいのが、100ヤード以内のスコアをつけることです。

具体的には、①トータルスコア、②100ヤード以内が残った場合の残り距離、③100ヤード以内の合計打数、④パット数、⑤カップインディスタンス（最後にカップインさせたパットの距離。P60参照）を書き込みます。

自分の例

100Y以内の平均3.56打

パーオンも寄せワンも1ホールもなし。100Y以内の合計打数は32打。これを100Y以内が残ったホール数9で割ると平均3.56になる。数値化することにより、何が足りないのかが明確になる

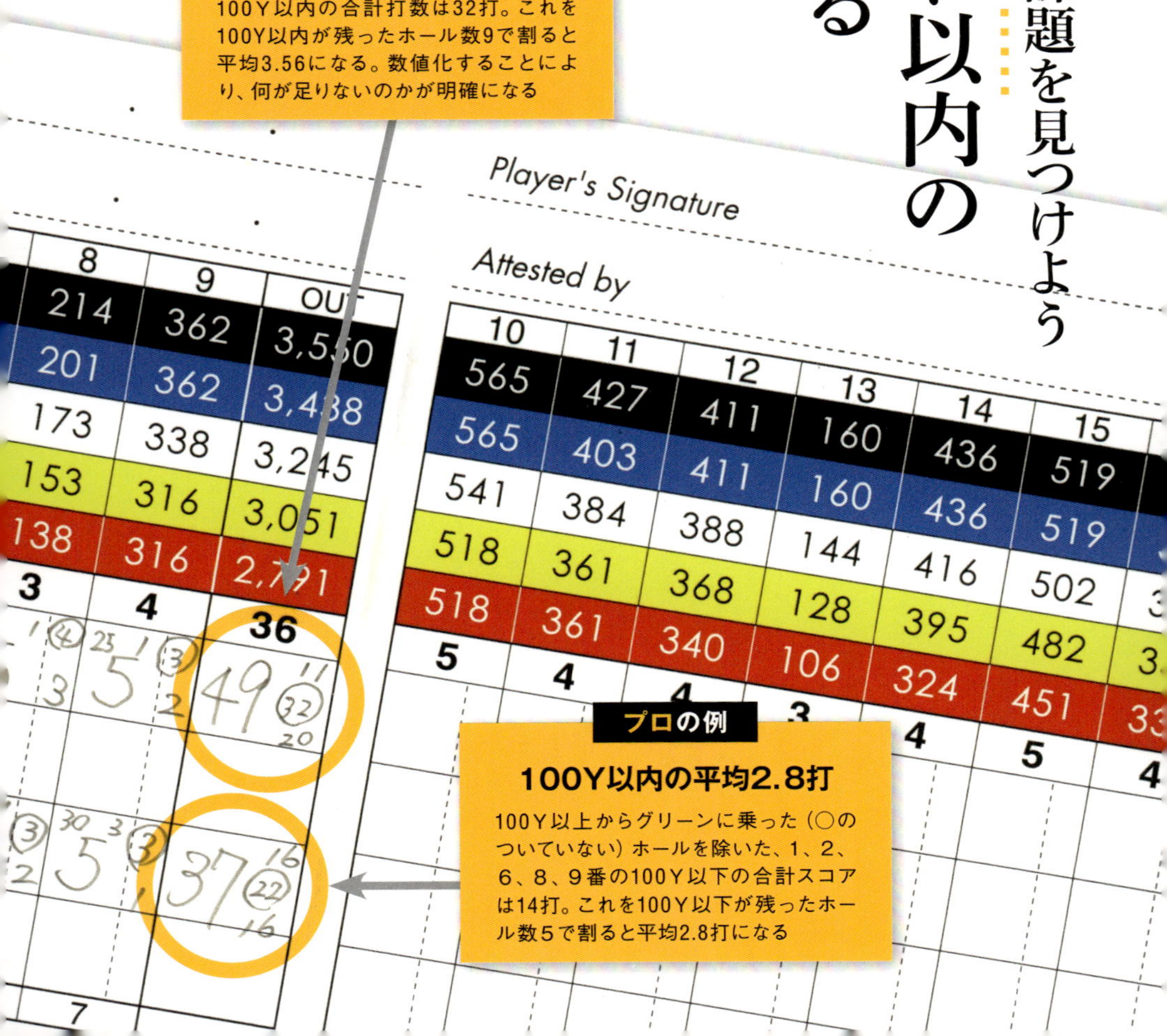

プロの例

100Y以内の平均2.8打

100Y以上からグリーンに乗った（○のついていない）ホールを除いた、1、2、6、8、9番の100Y以下の合計スコアは14打。これを100Y以下が残ったホール数5で割ると平均2.8打になる

たとえば、下のスコアカードの「自分」の欄を見ると、トータル打数49のうち、100ヤード以内の合計打数が32ですから、全体の65％以上が100ヤード以内からの打数であることがわかり、ショートゲームの重要性がわかります。

また、100ヤード以内の平均スコアは3・56で、2、5、8番で残り20ヤード以内から4打以上かかっています。このことから、短いアプローチの精度に問題があるということがわかります。

このようにスコアカードを活用することで、問題点が浮き彫りになり、どこを強化すればいいのかが明確になるのです。

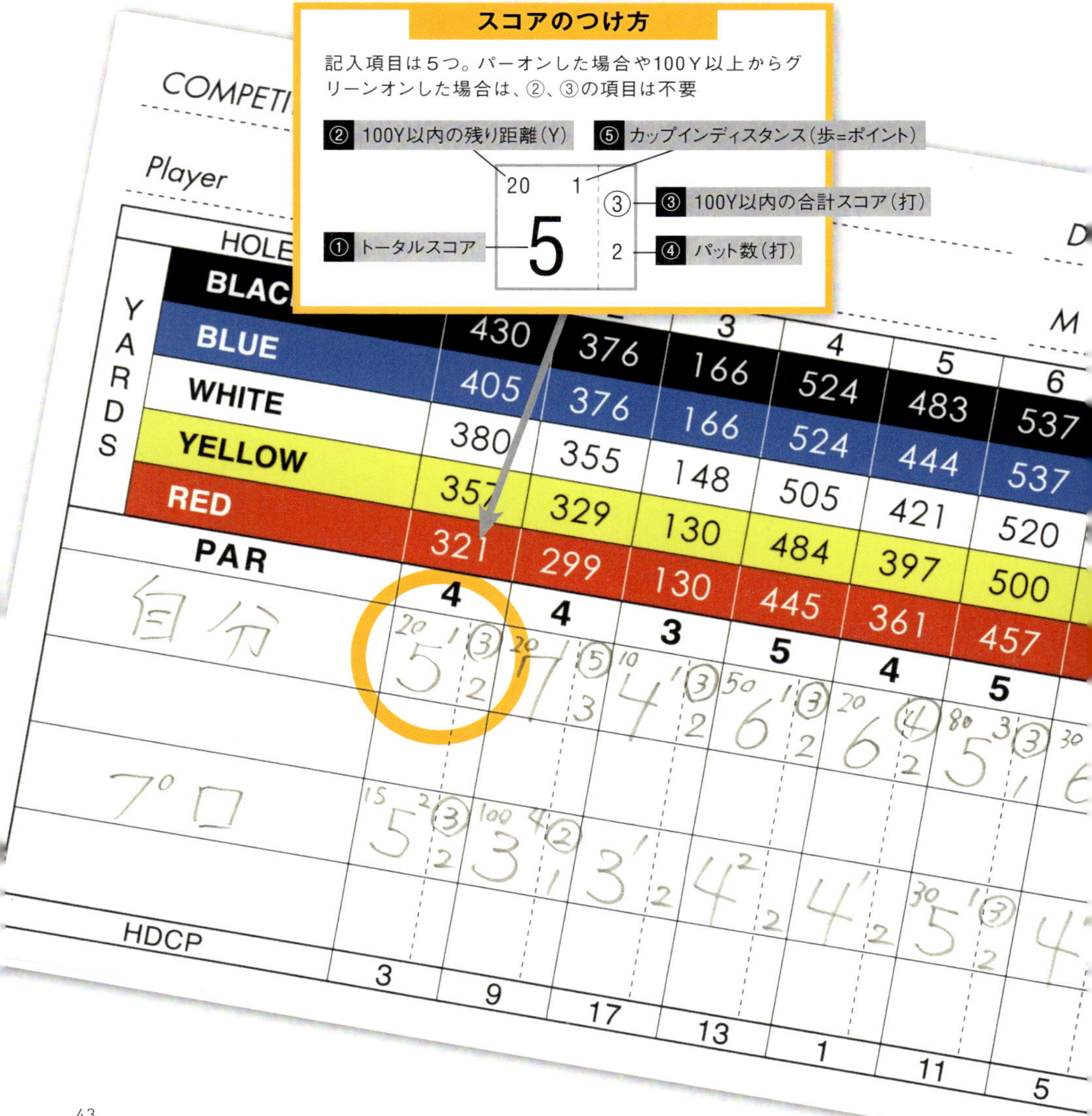

「ザックリ」予防法
パッティングのようにアプローチする

ラウンド中、ベアグラウンドや芝の薄いライなど、いかにもザックリしそうなライに遭遇することがあります。そんなときは、ボールに極端に近く立って、パッティングのようなストロークでアプローチしてみてください。

ボール位置は右足つま先前で、ウェッジのヒールが浮くほど球に近づき、フェースはかぶせます。かなりかぶせても、トゥ

POINT

ショルダーストロークで打つ

手首をあまり使わず、パターのようなショルダーストロークでヘッドを真っすぐ動かす。レベル軌道になり、ダフリのミスは出にくい

寄りで打つことで真っすぐ飛びます。また、ソールの接地面積が減り、ダフリを防げます。

とにかくダフらないので、ミスが続いたときにも役立つ「緊急脱出法」として覚えておきましょう。

少しヒールを
浮かせて
構える

COLUMN 2

ファジーのススメ

150ヤードなのか、155ヤードなのか。その残り距離5ヤードの重要性を、みなさんはどう考えていますか？

グリーンの大きさは、小さくても縦横25ヤード、ワングリーンの大きいところになると40～50ヤードなんてところもありますよね。そう考えると、150ヤード先の5ヤードなんてだいたいでいいし、逆にグリーン近くの、たとえば残り30ヤード付近だとしたら、細かく歩測したりしながら正確な残り距離を知りたい、と思ってしまうかもしれません。

ところが、実はまったく逆なのです。

遠ければ遠いほど、感性は届かなくなってしまうので、きっちりとした残り距離の情報を求めなくてはいけないし、近くなればなるほど、正確な距離の情報よりも感覚や感性を大切にしたほうが良いのです。

30ヤードと35ヤードは、見た目や感性でわかるのでそんなに細かい距離にはこだわらなくてもいいのです。近い距離ほど良い意味で「fuzzy（あいまい）」にとらえる。いわゆる『だいたい感』を鍛えることも重要なのです。

第2章

考えないパッティング

パッティング編 1
構え方

パットも見た目が9割⁉ スクエアな部分をたくさん作る

パッティングは、入りさえすればどんなスタイルで打ってもいいとされていますが、パットが入らない人の多くが、構え方、打ち方が悪い。とくに、体を開いて打

肩や前腕のラインはスクエア
ひじからヘッドまで一直線
下半身はどっしりと構える

っている人に上手い人はいません。

アドレスは、身だしなみです。まずはスクエアな部分をできるだけたくさん作って、身だしなみを整えてください。

そうすれば、真っすぐ打ち出しやすく、再現性の高い動きがしやすくなります。

POINT

両腕の前側はスクエア

真っすぐストロークするためにとくに大事なのが前腕の向き。両腕の前側にできる面が、目標にスクエアになるようにしよう

右腕が前に出ないように注意
ボールは左目の真下くらい

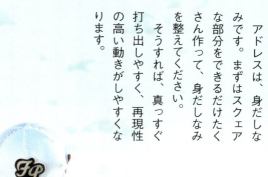

左右対称、等速で動かす
六角形が崩れない「振り子」で打つ

パッティングストロークの理想形は、「振り子」です。

不動の支点を持った左右対称、等速のストロークができれば、ヘッドの入射角やインパクトロフトが揃い、いつも同じ転がりの球を打つことができます。

しかし「振り子」というと、柱時計の振り子のような1本の棒が揺れる様子をイメージしがちなため、手元を支点としてクラブが振り子のように

動くストロークを考える人がいますが、そうではありません。

首の付け根の後ろ側あたりに支点を持ち、両肩、両ひじ、手元でできる六角形全体が動く振り子をイメージしてください。

このとき大事なのは、この六角形のそれぞれの頂点の角度が変わらないようにストロークすることです。肩、ひじ、手首をそれぞれロックし、自分の胸の前に六角形の板が吊り下げられてるようなイメージでストロークしてください。

POINT

振り子の支点は首の付け根の後ろ側

六角形の6つ目の頂点であり支点になるのは、首の付け根の後ろ側。ここから六角形の板が吊り下げられている様子をイメージしよう

パッティング編 3

ショートパット

ストロークをシステム化する

右足前まで真っすぐヘッドを引く

カップまでの距離が3歩未満のショートパットでは、距離感よりも、狙ったところに真っすぐ正確に打ち出すストロークが重要です。そのためには、どう構え、どうストロークするかを自分のなかでシステム化しておくことが大切です。

ボールを真っすぐ打ち出すためには、ヘッドを極力真っすぐ動かすのが理想です。とくに大事なのは、始動の15センチ。

フェース面をボールに

向けたまま、「六角形」を崩さないように真っすぐ真後ろにヘッドを引きます。ショートパットは、この15センチにかかっているのです。

CHECK

ティペグを刺して練習しよう

アドレス時のヘッドの幅に2本、トウ側の15センチ後方にもう1本ティペグを刺し、ヘッドが当たらないように球を打ってみよう

パッティング編 4

ロングパット

「アマライン」に外さない！
カップの山側の仮想カップを狙う

3パットが多い人は、1パット目を大きく外して、次に難しいパットを残してしまうのが最大の原因です。

カップを狙って大きく外す人の多くは、ライン

カップから遠ざかるアマライン

POINT

カップより谷側はOBだと思って打とう

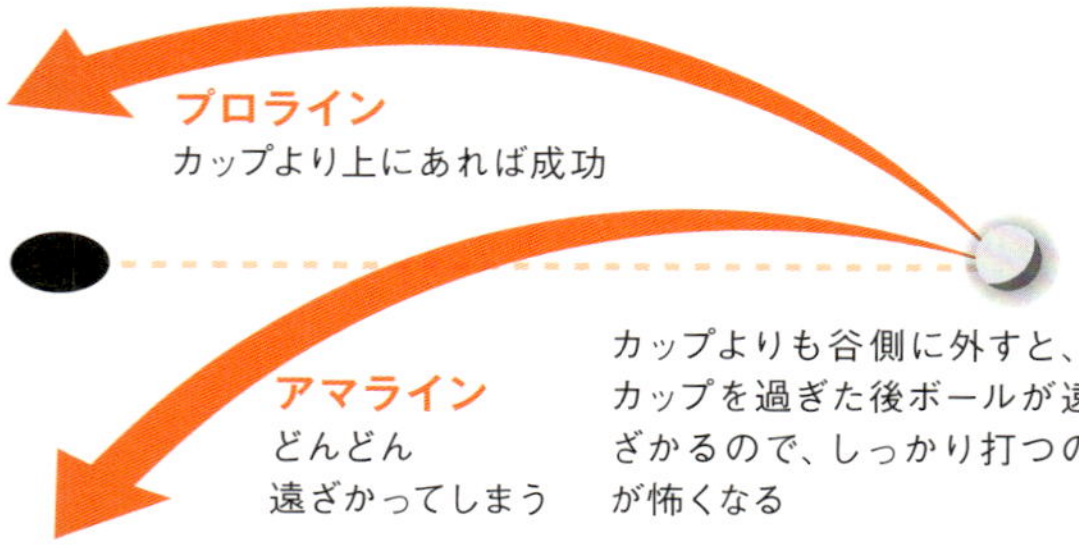

プロライン
カップより上にあれば成功
アマライン
どんどん遠ざかってしまう

カップよりも谷側に外すと、カップを過ぎた後ボールが遠ざかるので、しっかり打つのが怖くなる

を浅く読みすぎ、曲がるラインの谷側に外してしまうために、カップを外れた後にボールがどんどん遠ざかってしまうのです。そしてそれを恐れて打ち切れずショートするという悪循環に陥ります。

これを防ぐために、狙いを少し厚めにし、カップの山側にある直径30センチの仮想カップをイメージしてみてください。そして、その仮想カップに収まる可能性のあるもっとも薄いラインと、もっとも厚いラインでできる三日月のなかに打っていくのです。

そうすれば、同じタッチで外したとしても、ボールはカップの近くにとどまるので、思い切って打つことができます。

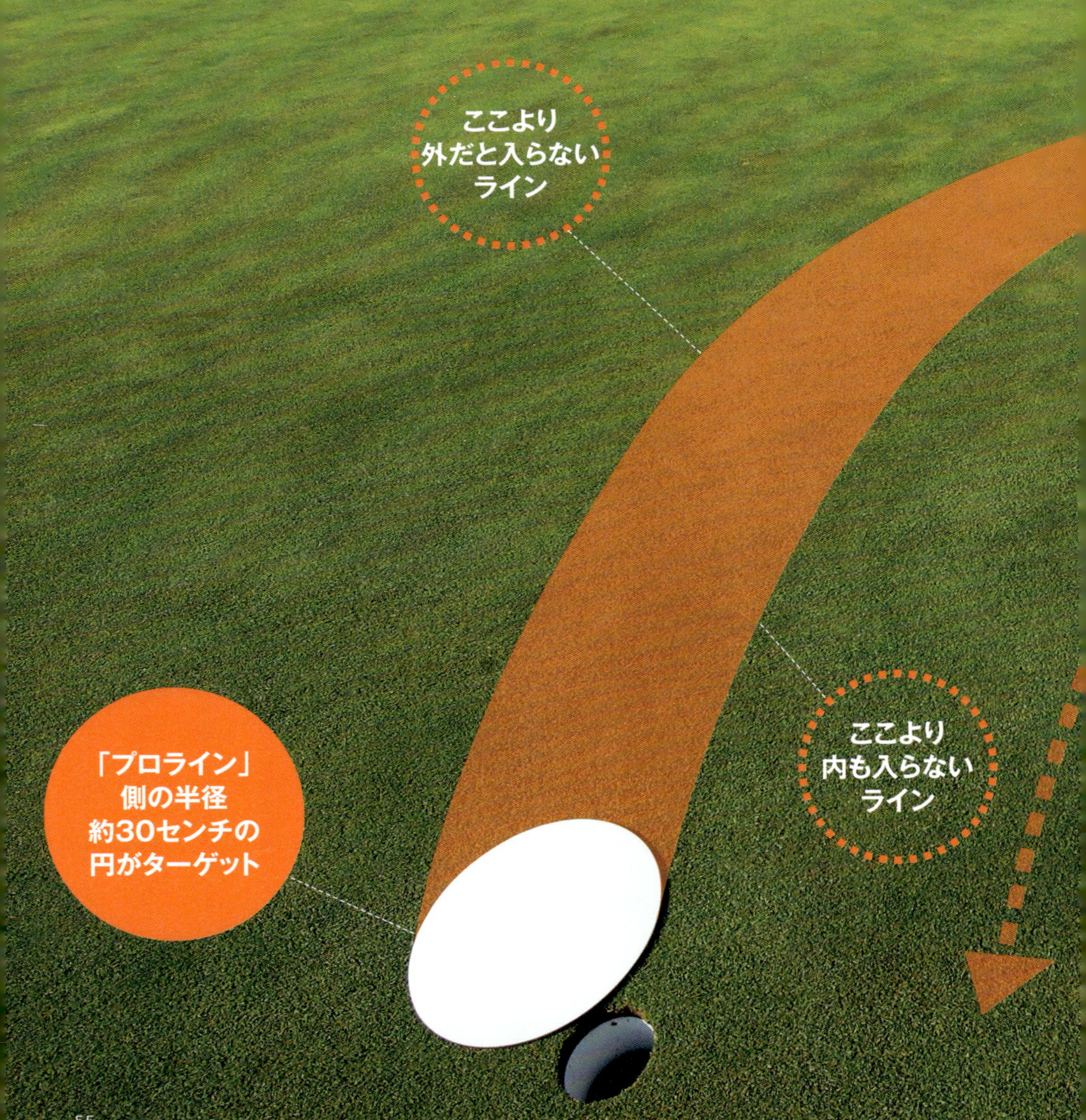
ここより
外だと入らない
ライン
ここより
内も入らない
ライン
「プロライン」
側の半径
約30センチの
円がターゲット

パットの名手になり切ろう
想像力を働かせて傾斜を読む

パットが苦手な人の多くは、ラインの読み方に問題があります。

ラインを読むときは、まず、ボール後方からスライスかフックかを見ます。このとき、グリーン全体を見渡して傾斜をチェックすれば、読み損じはかなり減ります。そして、横からは、上りか下りかの傾斜を見ます。これらの情報から、ボールの転がるラインやスピードを想像します。

ボールとカップの中間地点のラインから少し離れたところで、上りか下りかの傾斜を判断する

POINT

上りはカップの近く下りはボールの近くに目印を探そう

打ち出し方向の目印は、上りの場合はボールから遠い位置に、下りは近いところに見つけ、そこに届かせるイメージを持つとタッチを合わせやすい

上手くイメージが湧かないという人は、打つ前に、ボールの3歩くらい後ろから、「もうひとりの自分」がストロークしている様子を想像してみましょう。仮想の自分がどう構え、どんなストロークをするかを、客観的な視点で想像します。自分の代わりにタイガー・ウッズなどのパットの名手が打っているのをイメージするのもいいでしょう。

イメージが作れれば、後は、打ち出し方向に目印を見つけて、そこに向かって真っすぐ打ち出すだけでいいのです。

EPSON
後方からはスライスかフックかを判断
仮想の自分をイメージする

パッティング編 6
時間の使い方

形のリハーサルはしない
目標を見てから3秒以内に打つ

パッティングが安定しない人の多くは、グリーンに上がってからラインを読んでアドレスし、打つまでの時間の使い方が悪く、動きに流れがなくなって、リズムを崩しています。とくに、アドレスに入って長時間固まってしまったら、せっかくラインを読んで頭に湧いてきたイメージが、打つ前に消えてしまいます。

アドレスして、最後に目標を見てから3秒以内に始動するクセをつけてください。慣れるまではあわただしく感じるかもしれませんが、パッティングの平均値は必ず上がります。

また、素振りでは、「形のリハーサル」をしないことも大事です。ストロークのことは考えず、出球のスピードや球の転がりをイメージながら素振りをしましょう。

POINT

転がりをイメージしながら素振り

素振りは形ではなくイメージを確認する作業。クラブを持たずに、球の転がりや打ち出しの速度を想像しながら体を動かすだけでOK

ここまで
3秒！

［始動］

数値化で弱点を洗い出す
「カップインディスタンス」を算出する

POINT

「CID」はパターの上手さの指標になる

パッティングが上手い人は、ハーフで2～3回、2～3歩以上の距離を沈めるので、CIDの数字は大きくなる。一方、3パットを連発する人は、最後に1歩以内のパットを残すことが多いので、CIDは極端に小さくなるパッティングのレベルを上げるために、みなさんにぜひやってほしいことがあります。それは「カップインディスタンス（C－D）」の算出です。

C－Dとは、各ホールで最後にカップインさせたパットの距離の合計値です。1歩＝1ポイントで算出し、1歩以内ならすべて1ポイントとします。つまり、長いパットを決めるほど高得点で、全ホール惜しくも外してタップインなら18ポイントというわけです。

この合計得点が高いほどパットが上手いということになり、練習の成果を確認したり、その日のパットの調子を判断するうえで、重要な指標になるのです。「100ヤード以内のスコアカード」（P42参照）に書き込み、これを減らす努力をしてください。もし、80台で回りたいのなら、4歩以上は2パット以内、2、3歩はときどき1パット、1歩以内は絶対外さずに、C－D30ポイント（ハーフ15ポイント）以上を目指しましょう。

POINT

自分が打つパットの距離を知っておこう

自分がこれから打つパットの距離を知ることは、蓄積データとしても重要。カップインの確率が大きく落ちる距離なども知っておきたい

パッティング編 8

グリップ

腕と体の一体感が生まれる どんな握り方でも ひじは下向きを

パッティングのグリップは、自分に合っていればどう握ってもOKです。しかし、もしパッティングに悩んでいるなら、基本といえる2種類のグリップ（P63参照）を試してみてください。もちろん、ここから自分流にアレンジしても構いません。

ただし、1つ注意してほしい点は、どんな握りでも「両ひじを下に向ける」こと。これが「六角形」を安定させるうえで非常に重要です。

力まなくても
自然とわきが
締まる
両手の
ひらが
正面を向く

逆オーバーラッピング

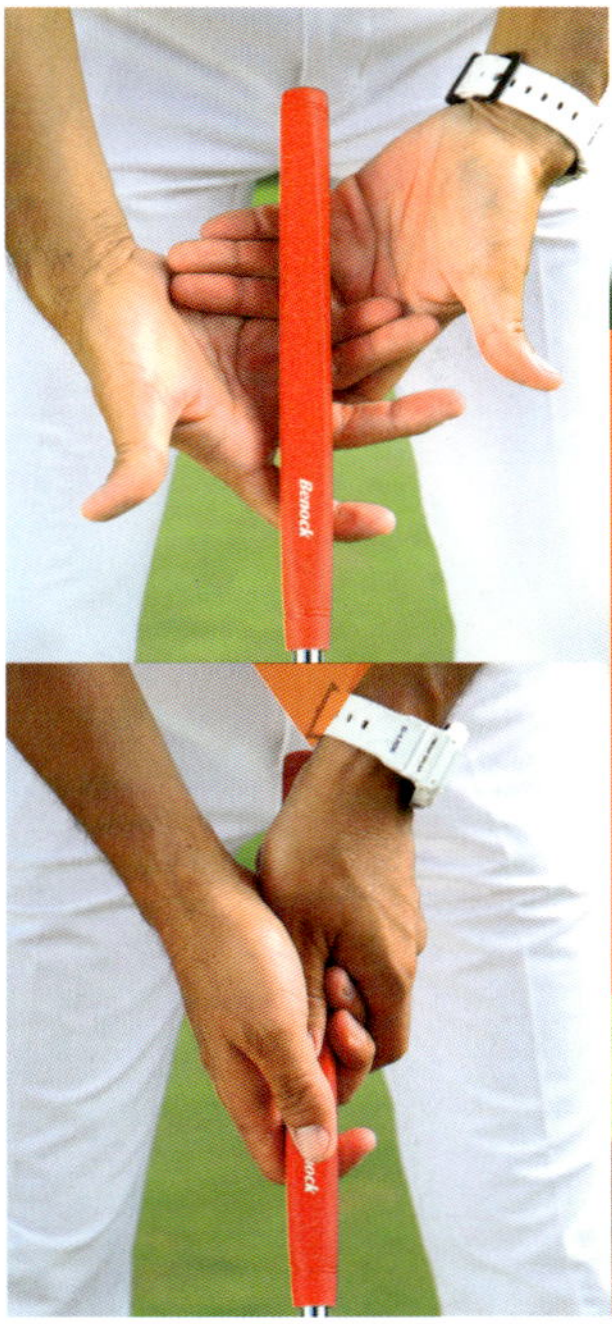

左手の人差し指を右手にかぶせて握ることで両手の一体感を出すオーソドックスなグリップ

クロスハンドグリップ

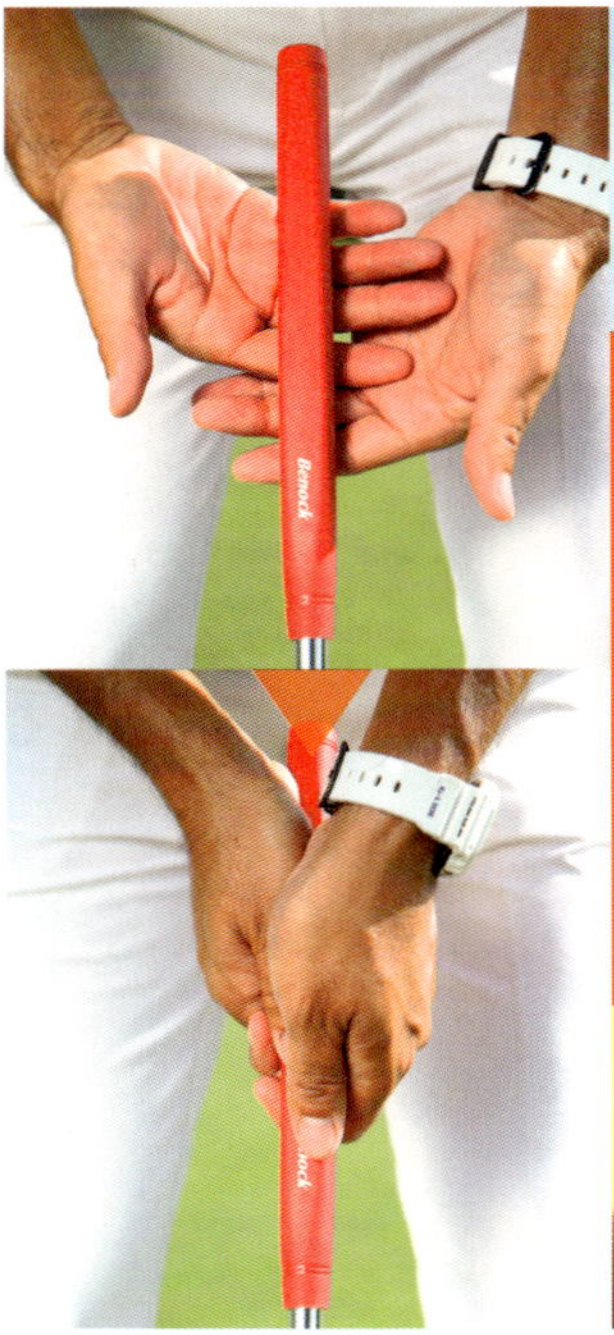

右手を上、左手を下にする逆手の握り。左手首が折れにくいので、フェースが開きやすい人や手首を使いすぎる人に有効

パッティング編 9

パター選び

「真っすぐ」要素が満載 大型ヘッドがやさしい！

パターは他のクラブと比べて形状のバリエーションが圧倒的に多く、いろいろ試せる反面、どれが合うのかの判断も難しいクラブです。

しかし私は、「真っすぐ打つ」という目的のためには、大型ヘッドのパターが絶対にやさしいと考えています。たくさんの練習を重ね、感性を生かして繊細なパッティングをするプロにとってはそうでない場合もあります。しかし、練習量の少

慣性モーメントが大きいのでミスヒットに強い

テーラーメイドの「スパイダー」シリーズは、大型ヘッドの人気モデル。ヘッド後方の左右にウェートが配され、慣性モーメントが大きくてミスヒットに強い

ないアマチュアにとっては、大型のネオマレットパターは慣性モーメントが大きくてミスヒットに強く、深い重心で球を押してくれるので、大きなメリットになります。

重心が深いのでボールを押してフォローが出る

「テロン」（左）は宮里藍プロが愛用するモデル。「2ボール」（右）シリーズは、ボールを3個並べるようにセットする構えやすさが画期的で、大型ヘッド人気の起爆剤となった

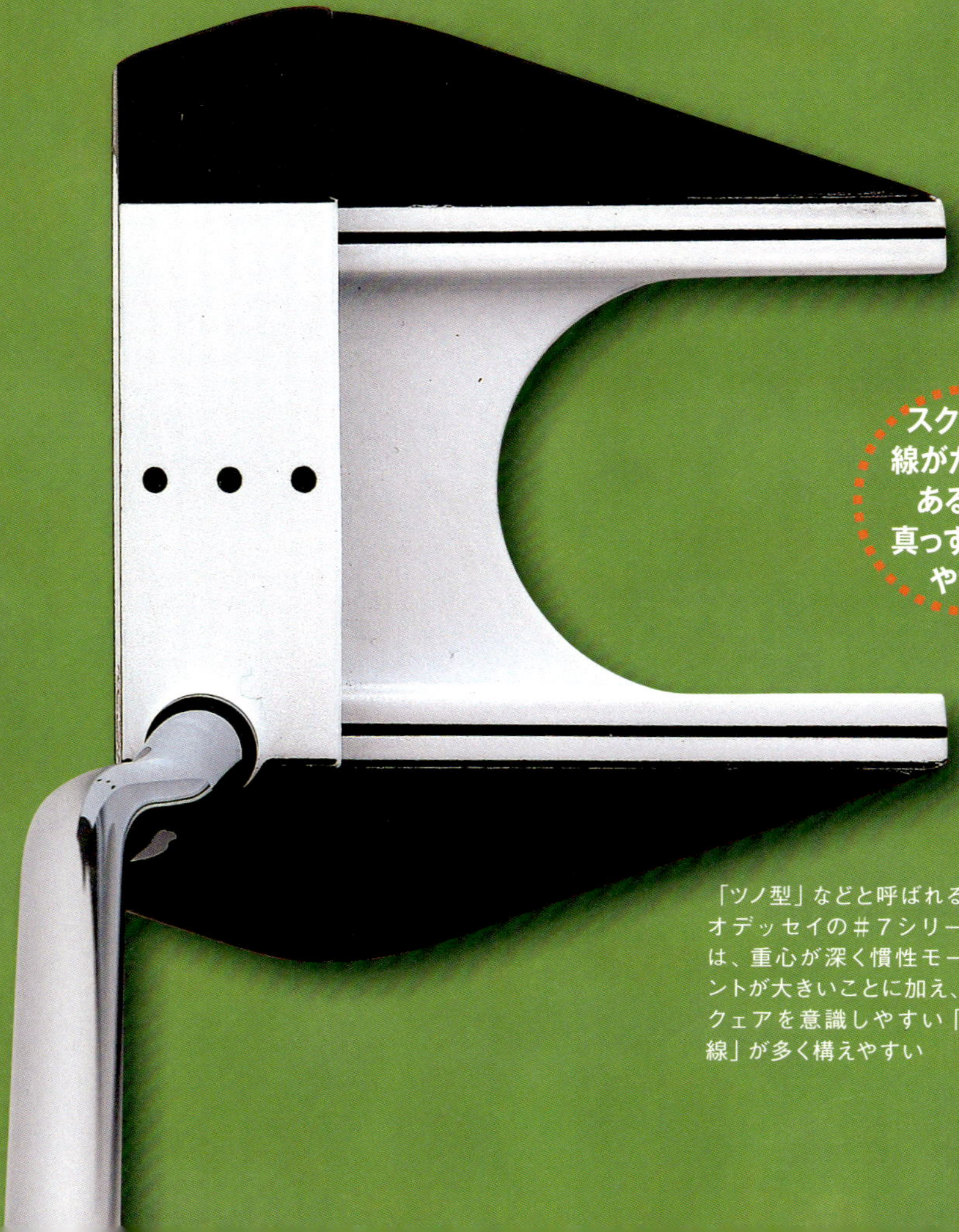
スクエアな線がたくさんあるので真っすぐ構えやすい

「ツノ型」などと呼ばれるとオデッセイの＃7シリーズは、重心が深く慣性モーメントが大きいことに加え、スクエアを意識しやすい「直線」が多く構えやすい

パッティング編 10

緊急脱出法

変えるときは大胆に！

調子が悪いときはグリップを短く持つ

ラウンドしていて「今日はどうにもパターが入らない」という日もあるかと思います。そんなときは、既存の感覚を捨てて、何かを大きく変えることが大事です。

たとえば、距離感が合わないときはパターを短く持ってみましょう。クラブの重さが変わり、振り子の支点からパターヘッドまでの距離も変わるので、振り心地が大きく変わるはずです。

また、球がつかまらないなら、極端にハンドレートに構えてみてください。ロフトが増えて、球がつかまりますよ。

CHECK

つかまらないときはハンドレートにしてみる

フェースが
開かないように
手元を
右寄りに

POINT

ロフトを増やせば球がつかまる

ハンドファーストになって球を潰し気味に打つと球はつかまらない。フェースはスクエアにしたまま、ロフトを増やす

COLUMN 3

感性と科学

ひと昔前のパッティングといえば、タップ式か振り子式のどちらかで、とにかく腕の五角形を崩さないようにだとか、背中の丸み云々だとか、そんな肉眼や感性に頼ったレッスンばかりでした。

しかし、現代のレッスンでは、ヘッドパス（軌道）やフェースアングルをデータ化しパッティングは丸裸状態。細かいデータに対して細かい修正を重ね、細かい調整や細かい管理をする。科学的に分析していけばいくほど袋小路に迷い込み、がんじがらめになってしまうという人も多いようです。

では、感性と科学、どちらを優先していけば良いのでしょうか。

先人から伝わる感性と、現代に解き明かされた科学を両立できたら、それはかなりの強みになるのではないでしょうか。

たとえば、もし「ゴミ箱に紙くずを投げ入れる」競技があるとして、ソレを研究している人がいたとしたら……。紙くずを持つ圧力を数値化してみたり、腕のアングルや体重配分だとか、足から上体や腕へのシークエンスだとかを分析するのだろうか。とはいえ、「だいたいあそこら辺に、だいたいあのぐらい」というような感性も重要。

つまり、感性と科学、優先するのは？

答えは〝どちらも〟なのです。

第3章

一発で出る！バンカーショット

バンカー編 1

ボールのとらえ方

ボールの手前を叩くとダフる ソールから接地させ砂と一緒に飛ばす

バンカーが苦手という人のほとんどは、バンカーショットの仕組みをきちんと理解していません。

バンカーは、砂の上にボールが直接乗っていて、芝の上のように浮いていません。そのため、少しでも手前から入ったら大きなダフリになる。とくにガードバンカーから10

ボールの手前をズドンと叩くとダフるだけで砂を爆発（エクスプロージョン）できない。ボール1個ぶん手前に入れようなどと考えずに、いつもどおり振ればおのずと結果はついてくる

〜20ヤードをクリーンにアプローチしようとしたら振り幅が小さくなり、少しでも噛んだら砂の抵抗に負けてヘッドが大きく減速し、脱出もままなりません。

ですから、砂の抵抗に負けないように、大きなスウィングで砂と一緒にボールを飛ばします。ボールを中心にしたCD1枚ぶんの円をイメージし、そのゾーンを目がけて振り抜きます。

このとき、リーディングエッジから打ち込むとヘッドが深く潜って抜けていかず、砂と一緒にボールを飛ばせません。SWのソールから、接地させるようにしましょう。

リーディング
エッジ
ではなくて
ソールから接地

バンカー編 2

構え方

大きく開かなくても出せる フェースもスタンスもスクェアがやさしい

バンカーから脱出するには、スタンスもフェースもスクェアが安全です。ツアープロは、硬くて

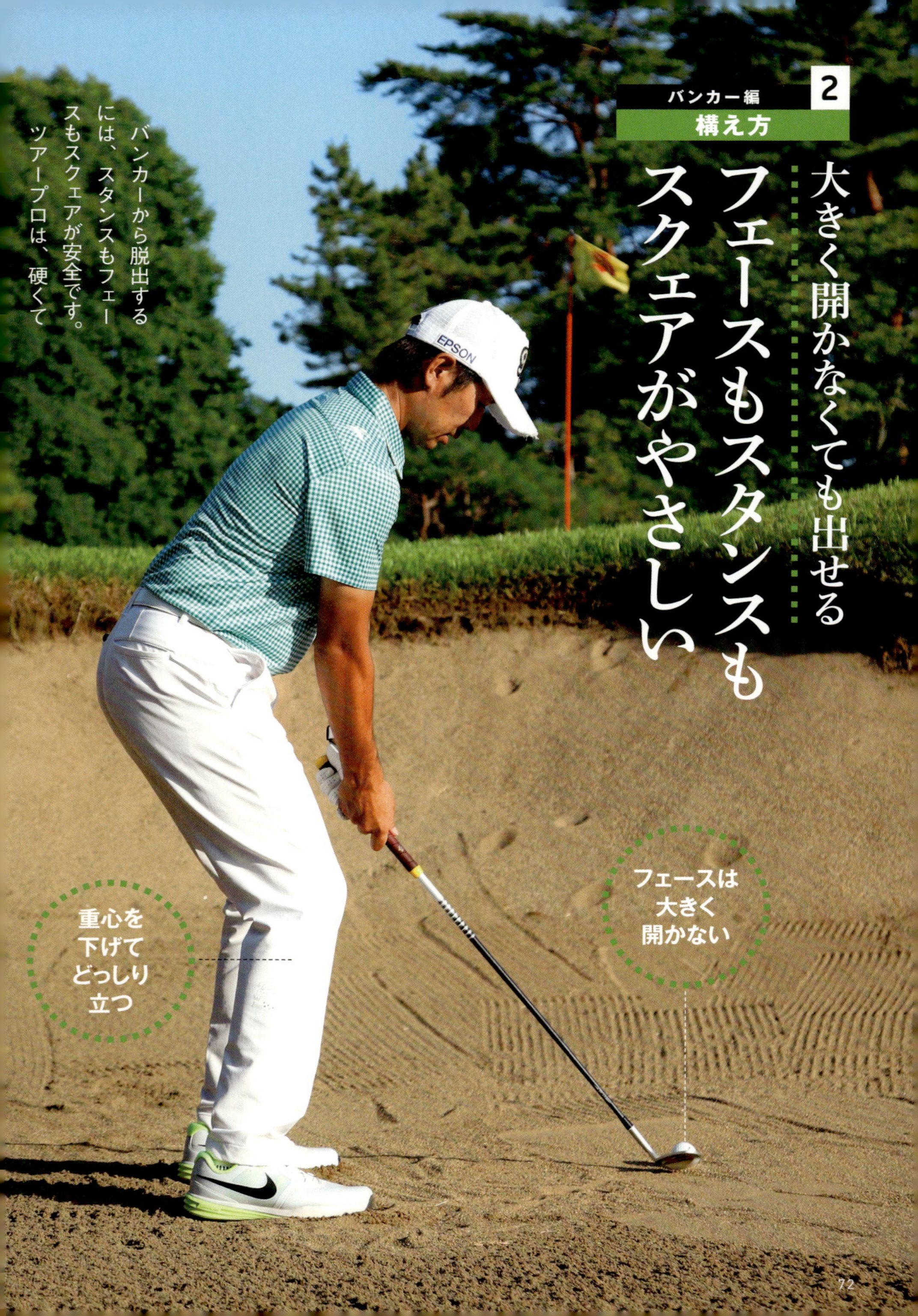
重心を下げてどっしり立つ
フェースは大きく開かない

速いグリーンに球を止めたり、砂を取る量を変えて球質をコントロールするためにフェースを開きますが、脱出を基本に考えるなら、不要です。

ボールの下までヘッドが届くように重心を下げ、ボールの手前にヘッドが落ちるように、ボールを普段より少し左にするだけでOKです。

POINT

「フェースを開く」という先入観がバンカーの敵

フェースを開くとバウンスが効くが、特別ローバウンスのSWでなければ、飛距離が出ないデメリットのほうが大きくなる

ボール位置は
左わきの前
ハンド
ファーストに
しすぎない
左右5対5の
体重配分

3

バンカー編

打ち方

打ち込みすぎがミスのもと

ベタ足で軸回転！

バンカーショットをミスする要因の1つは、打ち込みすぎることです。鋭角に打ち込んでカット軌道になりすぎると、ヘッドが砂に潜ってボールと砂を飛ばせなくなってしまいます。

プロが「バンカーは力ットに打ち込む」と言っているのを聞いたことがある人もいると思いますが、それはあくまで、普

球を上げようとするとアッパーになる
なるべく右かかとを浮かさないイメージで

段からゆるやかな入射角でスウィングできるプロにとっての感覚です。

もちろん、球を上げようとしてアッパーになるのは厳禁ですが、あくまでレベルスウィングのイメージで振りましょう。

フットワークを使いすぎるとダウンスウィングで軸が左にズレてボールに直接当たってしまう危険があるので、なるべくベタ足でその場で水平回転する感覚です。

POINT

フェースを開きながらテークバック

バンカーではフェースがかぶるとソールが使えず、刺さりやすい。テークバックでは、フェースを開きながら上げる意識を持つ

肩をしっかり押し込んでテークバック
×
左かかとはヒールアップしない

変えるのは構えだけ
ボールと体の距離で飛距離を調節する

バンカーショットで距離を調節する際は、アドレスだけを変えるのが簡単で安全です。

ボールを飛ばしたくないときはボールから遠く立ち、飛距離を出したいときは近く立ちます。

ゴルフクラブは、ハンドダウンにトウを立てるように構えると、フェースが左を向く特性があります。ですので、それを

POINT

アップライトにスウィングする

ボールに近いぶんシャフトも立つので、それに合わせてアップライトに振る。若干インサイドアウトの軌道をイメージする

飛ばすとき
ハンドアップで前傾浅め
ボールに近く立つ

逆に利用して、ボールから離れてハンドダウンに構えつつ、フェースをスクェアにセットすれば、そのぶんロフトがついて球が飛ばなくなるというわけです。

ポイントは、どちらも目標に対してフェースをスクェアにセットすること。後は普通にスウィングするだけで、飛ぶ距離が自然と変わってくれるのです。

POINT

オープンスタンスでカット気味に振る

近く立つ場合よりも少しオープンスタンスを意識し、ややカット気味にスウィングする意識を持つと、より飛距離を抑えられる

飛ばさないとき

ハンドダウンで前傾深め
ボールから遠く立つ

バンカー編

砂質による打ち分け 5

足裏で砂質を感じよう

体重配分を工夫して構える

バンカーショットは、砂質によって飛距離が変わります。しかし、当然クラブをソールしたり素振りして確認することはできません。

砂の質や締まり具合などは、足の裏で「感じる」ことが重要です。ボール地点に歩く間やアドレスする際に、足の裏の神経を研ぎ澄ませて、砂質を感じ取ってください。

また、打つときは、アドレス時のウェート配分とフェースの開き具合を変えるだけで、劇的に出やすくなります。バンカーでも、感覚と技術のバランスが大切なのです。

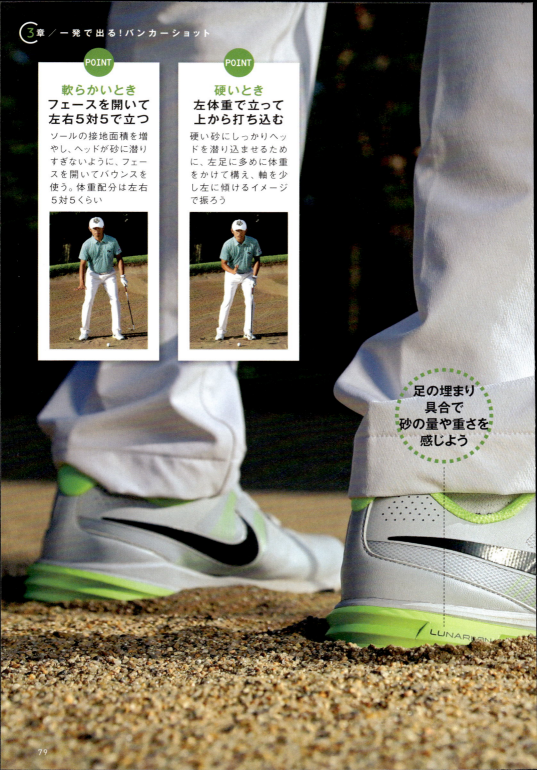

POINT

軟らかいとき フェースを開いて左右5対5で立つ

ソールの接地面積を増やし、ヘッドが砂に潜りすぎないように、フェースを開いてバウンスを使う。体重配分は左右5対5くらい

POINT

硬いとき 左体重で立って上から打ち込む

硬い砂にしっかりヘッドを潜り込ませるために、左足に多めに体重をかけて構え、軸を少し左に傾けるイメージで振ろう

足の埋まり具合で砂の量や重さを感じよう

バンカー編 6

クラブ選び

接地部分が機能を決める バウンス角は最低10度

バンカーが苦手な人は、SWをバンカーショット優先で選んだり、アプローチ用の他にバンカー専用のウェッジを入れるといいでしょう。

バンカーからやさしく打てるウェッジの条件は、まず何よりバウンスが大きいことです。このリーディングエッジよりも下に張り出した部分が、ヘッドが砂に潜りすぎるのを防ぎ、砂とボールを飛ばすうえで大きな役割を

2段ソールは砂を上手に爆発させられる

果たすのです。

バウンス角は最低でも10度。苦手な人は12度以上のものがおすすめです。

またソール形状もチェックしましょう。ソール幅が前後方向に広く丸みを帯びているものは、バウンス角の数値以上に効果を発揮します。ソールにへこみや段が入っているものも、バウンスが効きやすいのでおすすめです。

POINT

アイアンセットのウェッジもおすすめ

アイアンセットのSWも、バウンス角が大きくてソールが広いモデルが多く、やさしく打てる場合が多い

幅広ソールは打ち込んでも刺さりにくい

バンカー編 7

緊急脱出法

とにかくやさしく「出す！」フェースをかぶせて上から「ドン！」

フェースを少しかぶせる
ボール位置は右寄り

POINT

打ち込みやすい左体重で構える

フェースをかぶせてボールは真ん中か少し左寄りにセット。左足体重でハンドファーストに上から打ち込めるアドレスを作る

フェースを
開かず
砂ごと飛ばす

POINT

ハンドアップ気味に ボールに近く立つ

ボールに近く立ってハンドアップ気味に構え、アップライトに上げる。クラブの重さで上からヘッドをストンと落とす感じで打つ

バンカーショットがどうしても苦手な人は、フェースをかぶせて上から「ドン！」と打ち込んでみましょう。

砂ごと打つので、フェースよりもクラブの運動方向に球は飛びやすく、フェースを閉じてもそれほど左には飛びません。出すだけならこれでOKです。

COLUMN 4

「リキミカタ」指南

リラックスしてスウィングしましょうね……。

はい、そうです、肩の力を抜いて……。

インパクトで力まないように……。

そうです、小鳥をそっと包むような感じです……。

緊張した場面では、自分を落ち着かせ、練習どおりにリラックスして……と、いくら自分に言い聞かせても、実際はインパクトやその前後で一気にグリッププレッシャーはマックスになってしまい、正確なインパクトをすることができないことが多いものです。結果、アプローチはダフリ、トップ、シャンク。パッティングは、ファーストパットが倍ほど転がってしまったり、逆にゆるんで大きくショートしてしまったりと、高確率でミスになってしまいます。

　ということは、リラックスすることが悪いのでしょうか？

いいえ、そうではありません。〝適度〟なリラックスが必要なのです。

「適度なリラックス」を習得するためにもっとも大切なことは、適度な〝リキミ〟を覚えることです。たとえば、左のわきの下をキュッと締める、左手の小指と薬指の2本だけをキュッと締めるなど、身体のほんの一部分だけのテンションを少しだけアップする。そしてそのテンションを、スウィング中キープし続ける。そうすることによって、リキミ自体をコントロールすることができます。つまり、適度にリラックスした状態を手に入れることができるのです。

第4章

10打縮まるマネジメント

マネジメント編 1
意味

平均スコアを減らす「保険」

「最悪」をどう避けるかを考える

技術的な話はもちろん大切ですが、実際にショートゲームのスコアを減らすためにいちばん即効性があるのがマネジメントです。

みなさんは気づいていないかもしれませんが、スコアを落とす要因は、ミスそれ自体よりも、ミスを生んでしまう狙い方にある場合が多いのです。たとえるなら、バンカーから1打で脱出できないことよりも、バンカーに入れてしまうことが問題だということです。

そういったミスを減らし、大叩きをなくすために有効なのがマネジメントです。「2」で上がるためというよりも、「4」にならないための方策。大叩きしないための保険のかけかたを、ぜひ身につけてください。

花道

「2」を狙える
あわよくば「1」

グリーンを5Y外しても、それが花道ならやさしいアプローチが残り、寄せワンを計算できるだけでなく、チップインの可能性も残る

アゴの高いバンカー

上手く出せても「3」失敗すると「4」もある

グリーンを5Y外したときに、そこが深いバンカーだったら、上手く出せても「3」、失敗すると「4」以上もあり得る

「プラスマイナスゼロ思考」を持とう

「あそこを狙ったら何打？」をつねに考える

木が
邪魔に
な「れば」
狙えない
花道だっ「たら」
チップインも
期待できる
急な傾斜地に
行っ「たら」
大叩きもある
浅いバンカー
だっ「たら」
ボギーで
済むかも

では、「4」や「5」を打たず、平均値を「2・5」に近づけるためにはどうすればいいのか。

ポイントは「たら・れば」を先づけすることです。「たら・れば」のダメな例は、打ち終わってから「ああす『れば』よかった、こうし『たら』成功したのに」という後づけのパターンです。そうではなく、（パー4なら）3打目を打つ前に、グリーン周りをよく見て、「あの深いバンカーに入れ『たら』良くて3、最悪5もある」、「ピンの手前に乗せられ『れば』2で上がるチャンスがある」などと、先づけして想定するのです。

そうすればおのずと、狙うべき場所、狙ってはいけない場所がわかります。これが「4」以上を打たないコツの1つです。

このとき、ネガティブな「たら・れば」だけでなく、必ずポジティブな「たら・れば」もイメージしてください。失敗を把握し、成功をイメージする「プラスマイナスゼロ思考」が重要ですよ。

グリーンセンターに乗せられ「れば」パーもある
深いバンカーに入れ「れば」ダボ、トリ濃厚
端に乗せ「たら」3パットのダボもある
奥にこぼれ「たら」次が寄らない

マネジメント編 3

メンタルマネジメント

答えは心のなかにある「どうしたいか」を冷静に検討する

今日はアプローチが不調だから難しい打ち方はしたくない

マネジメントは、メンタルとテクニカルの2つに分けることができます。

メンタルマネジメントとは、その名のとおり自分の内面のマネジメント。簡単に言えば、この1打を「どうしたいか」を判断することです。

たとえば同じような30ヤードのアプローチであっても、朝イチのスタートホールなら「そこそこのところに行って、3打で収まればいい」と考えるかもしれませんし、最終ホールでベストスコアが出るかどうかの瀬戸際なら「何としても寄せワンが必要」と思うかもしれません。

前者の場合、まずはグリーンに乗せることを優先しますが、後者であれば、ミスを覚悟でピンを直接狙い、その結果そこから4打叩いてしまっても仕方がないと考えます。

狙いどころや打ち方を考える際には、この「どうしたいか」が根本的な土台になります。自分の置かれている状況や目指すべきスコア、調子や得手不得手などを総合的に判断できれば、使用クラブやアプローチの種類も変わってきます。打つ前に結果の優先順位をつけることはとても重要です。

ボギーでも
80台は出せる。
ダボは絶対
打ちたくない
得意な
距離だから
上手くいけば
ベタピンの
可能性もあるぞ
EPSON

マネジメント編 4

テクニカルマネジメント

「等身大」が大事
「何ができるか」を的確に判断する

テクニカルマネジメントは、技術的な判断です。簡単に言えば「何ができるのか」ということです。ライや傾斜、ピン位置、風などの条件に自分の技術を加味し、どうすればいちばん良い結果が得られるのかを判断します。

この「良い結果」とは、必ずしも最少スコアの可能性を指すわけではありません。つねにミスの確率と、ミスしたときにもたらされる結果も考慮することが必要です。

そして、（メンタルマネジメントの結果）一か八かの賭けに出る場合以外は、基本的には4打以上を叩く可能性がいちばん低い狙い方、打ち方を選択してください。

これが「平均2・5打」を実現する最大の秘訣なのです。

アゲンストが強いから高く上げると距離がズレる
ピン位置は手前だから転がして寄せるのは難しい

距離が
中途半端だから
AWでもSWでも
狙える
ラフのため
スピンが
かからない
EPSON

マネジメント編 5
打つ前の準備

判断の順番が大事
「荷造り」するようにアプローチする

理論 1

旅行をするときは
行き先を決めてから
荷造りをしますよね?

荷物の内容(=打ち方)を決めるためには、まずは行き先(=ライやグリーンの状況)がどんなところかを見極める必要がある

私が提唱するマネジメント理論の1つに「荷造り理論」という考えがあります。これは、旅先を決めてから荷造りをするように、アプローチも状況判断をしてから打ち方を決めることが大事だということです。

アプローチを失敗する人は、まず「打ち方ありき」の場合が多いように思います。SWで球を上げるとか、AWでピッチ

理論 2

たとえば短パン・アロハをバッグに詰めて真冬のロシアに行ったら？

砲台グリーンの手前ピンをPWでのランニングアプローチで狙うのは、寒い国に半袖・短パンだけ持って行くようなもの

理論 3

荷造りしてから「どこに行こうか」と決めるのでは失敗しますアプローチもこれと同じです

出発前にトランクを一度閉めたら（＝決断）、あれこれ迷わずに思い切って出発する（＝打つ）ことが大事

&ランとか、得意な打ち方を優先してしまう。これは、好きな服をトランクに詰めてから、「さあ、どこに行こうか」と考えるようなものです。

大事なのは、暑いところに行くのか、寒いところに行くのか、まず行き先を決めて、そこに合った服を持って行くことです。アプローチもこれと同じで、グリーンの状況やライなどを見極めてから、そこに合った番手や打ち方を選択することが重要なのです。

POINT

ライを見る前に打ち方を決めない

とくに大事なのがライの判断。ライをよく見る前に、勝手にライを予測してクラブを1本だけ持ってアプローチ地点に行くのは、何も考えていないに等しい最悪の行為

マネジメント編 6
判断の自動化

勝負は打つ前に決まっている
打つまでのプロセスをルーティン化する

ここまで説明してきたように、実際にアプローチする前には、メンタルマネジメントで「どうしたいか」を決め、テクニカルマネジメントで「何ができるか」を判断。その判断に合わせて番手、打ち方を選びます。

こういった作業は、いちいち考えながら行うのではなく、自動的にできるような訓練が必要です。

たとえば、歯を磨くと

1 自分の状況は？

90台が多いがときどき80台が出るようになった

今日も80台を狙いたい

2 スコアの状況は？

あと2ホール残して現在17オーバーの80台ギリギリ

もうボギーは打てないからパー狙い

3 ピン周辺の状況は？

エッジまで50Y、エッジから20Yで平坦

無理にピンをデッドに狙う必要はない

4 ボールのライの状況は？

平坦だがラフにちょっとボールが沈んでいる

ラフに負けないようにSWでしっかり打とう

5 風向き強さは？

風はほとんどないから球を上げても大丈夫

高めの球でグリーンセンターからやや手前狙い

6 総合的に判断して？

手前に乗せればチャンスはある。ザックリだけは回避

グリーンオンを最優先してあわよくば寄せワン！

きに、「歯ブラシを取って」「歯磨き粉のキャップを開けて」……というように考えている人はいません。それと同じように、打つ前に状況判断を素早く行い、使用クラブを選択するまでの動作を自動化することが必要です。

アマチュアの多くは、ピンチの場面や難しい状況でしかこういった思考を行いませんが、どんなショットでも「判断グセ」をつけることが大切なのです。

CHECK

SWでゆるまず
しっかり振り切り
センター狙い！

マネジメント編 7

2打で1セット

パーで上がればOK 次の1打をつねに考える

ショートゲームのマネジメントは、「2打を1セット」として考えます。

アプローチがチップインしない限り、どんなに上手く寄せても次にはパットが残り、それを入れなければ2打で上がることはできません。

また、アプローチをミスしても、長いパットを沈めることができたら2打で上がれるわけです。

つまり、アプローチだけで100点を狙おうとせず、アプローチとパットの足し算で100点が取れればいいのです。

たとえば、花道からピンまで上りのアプローチする場合、無理にチップインを狙いにいって大オーバーしてそこから3パットになるなら、大きくオーバーしないように打って、3パットのリスクを減らすという考え方もあります。

いずれにせよ、今の1打だけでなく、次の1打のことも考えることが重要なのです。

CHECK

3打で上がるにはどうすればいいか

POINT

100Y以内の距離から必ず3打で上がろう

100Y以内が残ったら、そこをパー3のティグラウンドだと考える。次の1打を上手く打つことだけでなく、合計3打で上がるために何をすればいいのか、何をしてはいけないのかを考えるのがマネジメントだ

COLUMN 5

日替わり定食

ショットが真っすぐ飛ぶようになったら、今度はショートゲームがボロボロ。ゴルフって、調子が良くなったり悪くなったり……。まるで「日替わり定食」のようですよね。

今日は肉で、明日は魚。食事だったら「日替わり定食」のほうが楽しめますが、ゴルフでは、そうはいきません。誰もが安定した「定番メニュー」がいいと思うでしょう。

しかし、プロでも「日替わり定食」のときがあります。練習日から好調でそのまま初日を迎えても、最終日に近づくにつれて悪くなる（逆も然り）。調子の「波」がなくなることはありません。

では、どうすればいいのか。スコアやスタッツ（パット数やカップインした距離）などを管理して、その「平均値を上げていく」しかありません。そうすれば、自分の弱点も、強みも見えてきます。良い自分も悪い自分も、両方レベルアップできるのです。

コースでは、毎回同じ風や湿度なんてない。同じ芝の長さではないし、芝質だって違う。昨日なかった小石がライン上に転がっているかもしれません。それに、昨日の自分と今日の自分は、違います。

「日替わり定食」の質を上げる。そう考えれば、よりゴルフが楽しくなるはずですよ。

付録

スコアの壁を破る！
石井流ドリル８選

100切り
ドリル1

手首固定片手打ち

ミート率を上げ距離感を揃える

左手首とグリップの間に指を2本挟む

POINT

グリップと手首の間隔を変えない

手首の角度を保ったまま振ることで、インパクトロフトや入射角が一定になり、距離も方向も安定する

ショートアプローチのミート率を上げ、距離感を揃えるために、手首の角度を変えずに打つ感覚を養うドリル。左手1本でクラブを持ち、右手の指2本をグリップエンドと手首の間に挟む。そして右手の指からグリップが離れないように球を打つ

フェースかぶせ打ち

球をつかまえる感覚を身につける

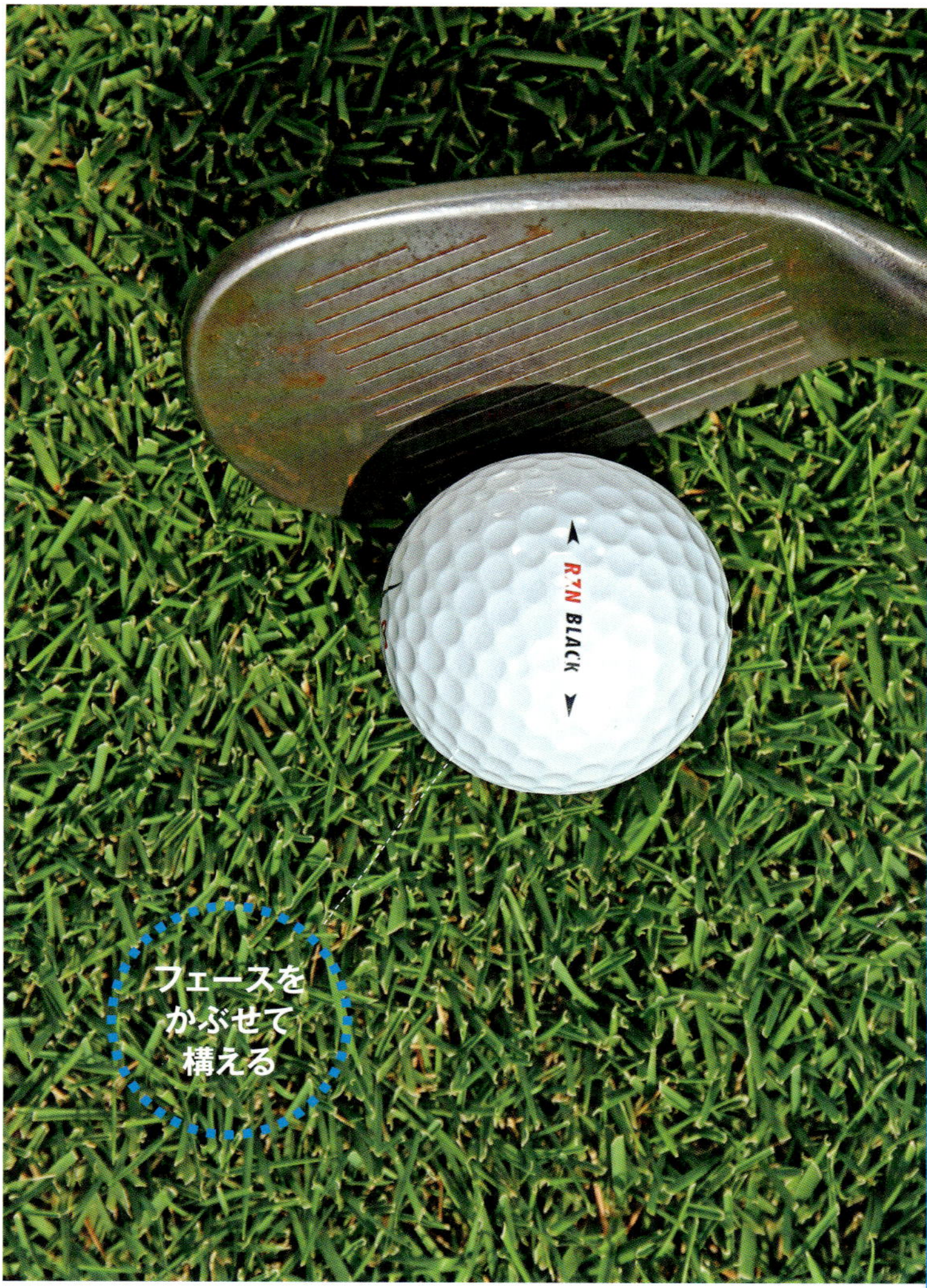
フェースをかぶせて構える

POINT

フェースを開かずにそのまま左に打つ

フェースが向いている方向に球が飛ぶ感覚がわかり、フェース面を球が滑ってショートするミスがなくなる

スウィング中にフェースが開くのを防ぎ、球をつかまえる感覚を養うドリル。フェースを開かずにストロークする感覚、フェースに球が乗る感覚がわかり、球の高さや距離が揃う。アドレスの段階からフェースをかぶせて構え、そのまま左に打ち出す

ピンポン玉で練習

室内でスウィング作り

ピンポン玉でも
実戦的な
練習ができる

卓球ボールやスポンジのボールを使ってアプローチし、スウィング作りやインパクトの感覚を養う。室内でも安全に、簡単に、実戦的なアプローチ練習ができる

POINT

キャリーの感覚は普通のボールに近い

軽くて飛ばないのでゴルフボールとは異なるイメージだが、キャリー2～3Yはゴルフボールと同じ感覚

ペットボトルを置いて打つ

インサイドバックを矯正する

右足の後ろにペットボトルを立てて打つ

POINT

ペットボトルを倒さない

○

×

インサイドに上がるとクラブがペットボトルに当たる。ボトルに当たらないように真っすぐ後ろに上げよう

アプローチの調子が悪いときは、十中八九、テークバックがインサイドに上がっているとき。それを矯正し、正しくテークバックする感覚を養う。右つま先の後方20センチくらいに500mlのペットボトルを置き、それを倒さないように球を打つ

90切り
練習法1

ティアップ打ち

軌道と入射角を揃える

球の赤道の
やや下を打つ

ドライバーを打つときくらい高くティアップした球を、SWでクリーンに打つことでスウィング軌道と入射角を揃え、ミスを減らして距離を安定させる。SWのリーディングエッジを、ボールの赤道のちょっと下くらいに真横からぶつけるイメージ。ティにヘッドが当たらないように注意する。ハーフトップならOK

POINT

大きめの振り幅でボールだけを打つ

40〜50Y打つくらいの大きめの振り幅で、低めの球を打つ。打ち込んだりあおったりするとティに当たる

右手1本打ち

右手首の角度をキープする感覚を養う

右上腕を
軽く抑えて
スウィングする

POINT

右手首の角度を変えずに打つ

○

×

フォローで右サイドを押し込めないと、右手首の角度がほどけ、ダフったりヘッドがボールの下をくぐる

右手1本でアプローチするドリルも、入射角を安定させるために非常に有効。右腕を体と同調させて動かすために、右肩か右上腕を左手で軽く抑えると良い。フィニッシュまで右手首の角度を保ち、低めの球を打つのがポイント

高さの打ち分け

距離別の球の高さを知る

70Y
弾道の
最高点を
イメージして
高さを揃える

距離感を揃えるためには、球の高さの管理が重要。打つ距離によって球の高さが変わることを理解するとともに、球の高さをコントロールする意識を養う。30、50、70ヤードの球の高さをイメージし、つねに同じ高さの球で同じ距離を打つ練習をする

POINT

距離が短くなれば最高点も低くなる

50Y

30Y

キャリーの距離が短いほど球の高さも低くなる。弾道の最高点をイメージしながら打つことが重要だ

ドローとフェードの打ち分け

球の回転をコントロールする

ボールの
回転方向を
イメージする

POINT

スウィング軌道で弾道を打ち分ける

ドロー

フェード

ドローはインサイドアウト、フェードはアウトサイドインと、スウィング軌道を意識して変えて打ってみよう

アプローチのバリエーションを広げ、応用力を高めるためには、球の回転をコントロールする感覚が必要。そのためには、アプローチでドロー、フェードを打ち分ける練習が効果的。ボールに横回転をかけるためにはどう打てばいいかを考えよう

おわりに

地味で「脇役」的なショートゲームの練習に、どれくらい本気で取り組むことができますか？

練習場で30ヤードの看板に向かってコツコツとアプローチの練習を続けるのも、ボール単価を考えると、お財布と相談しなくてはならず、練習の半分をそれに費やすのは現実的には難しいかもしれません。

スコアの約半分がショートゲームとはいえ、ドライバーでドカーンとかっ飛ばす気持ち良さや、自宅でプシュッと晩酌する時間を削ってまで、脇役の技磨きに時間を割くのは、多くのゴルファーは敬遠するでしょう。かくいう私も、奥のネットにめがけて打つほうが、断然気持ちいいと感じています。

しかし、実際にスコアの大半を占めているのは、アプローチとパッティングです。私の生徒さんで、ドライバーが苦手で、それを克服するためにドライバーをひたすら打ち続ける方がいましたが、実際コースに出てみると、ショートゲーム率60パーセント超。驚きの事実ですが、もしかしたらみなさんのなかでも、同じようなことが起こっている方がいるかもしれません。

本書では、「テクニック」と「マネジメント」について、いろいろとお話しさせていただきました。これで、練習の効率が上がり、コースでの考え方がわかっていただけたかと思います。しかしながら、ドライバーと違い、変化を如実に感じにくく、なかなか実感するのが難しいパートでもありますので、じっくりと時間をかけて向き合っていただきたいと思います。

そのなかで、少しずつ成功体験が増えてきます。その「経験」を積み重ねていってほしいのです。経験の積み重ねから、いちばん大切でいちばん身につけにくい「自信」を得ることができるからです。そして、そこまでたどり着いたときに、ショートゲームはあなたにとって「脇役」ではなく「主役」になっているはずです。

最後になりましたが、この本に関わってくださったすべての方に深謝します。

そして何よりも、本書を手に取ってくださった読者のみなさんのゴルフライフが、素晴らしいものでありますよう、祈念いたします。

プロゴルファー　石井 忍

2016年2月吉日

●著者
石井 忍

いしい・しのぶ
プロゴルファー。1974年生まれ、千葉県出身。日本大学ゴルフ部を経て、98年プロ転向。ツアープロとして活躍後、プロコーチとして久保谷健一、金田久美子らトッププロの活躍を支え、現在は薗田峻輔のコーチを務める。また、トップアマから初心者ゴルファーまでアマチュアへのレッスンも精力的に行い、とくにショートゲームの独自理論と指導力に定評がある。袖ヶ浦CC所属。『ACE GOLF CLUB』を主宰。

考えない
アプローチ

2016年2月24日　初版発行

著者　石井 忍
発行者　木村玄一
発行所　ゴルフダイジェスト社
〒105-8670　東京都港区新橋6-18-5
☎03-3432-4411（代表）
☎03-3431-3060（販売部）
e-mail gbook@golf-digest.co.jp
URL www.golfdigest.co.jp/digest
書籍販売サイト「ゴルフポケット」で検索

印刷・製本　大日本印刷株式会社

ISBN 978-4-7728-4166-5　C2075